AF348436

Friedrich der Große

Friedrich II.: Die Generalprinzipien des Krieges und ihre Anwendung auf die Taktik und Disziplin der preußischen Truppen

e-artnow 2018

Walter Scott
Das Kloster: Historischer Roman

Hermann Hirschfeld
Wahre Verbrechen: Mörder, Kriminal-Prozesse & Historische Kriminalfälle

Nataly von Eschstruth
Der verlorene Sohn

Carl von Clausewitz
Vom Kriege

Gustav Freytag
Bilder aus der deutschen Vergangenheit

Harry Graf Kessler
Tagebücher 1918-1937

Gustav Freytag
Der Kronprinz und die deutsche Kaiserkrone - Erinnerungsblätter deutscher Regimenter: Deutsch-Französische Krieg 1870/71

Gustav Frenssen
Die drei Getreuen (Historischer Roman)

Victor Hugo
1793 - Roman. Die Terrorherrschaft und der Aufstand der Vendée

Friedrich der Große
Aus den Politischen Testamenten

Friedrich der Große

Friedrich II.: Die Generalprinzipien des Krieges und ihre Anwendung auf die Taktik und Disziplin der preußischen Truppen

Friedrich der Große

e-artnow, 2018
ISBN 978-80-273-1514-7

Inhaltsverzeichnis

Die Generalprinzipien des Krieges und ihre Anwendung auf die Taktik und Disziplin der preußischen Truppen

Die von mir geführten Kriege haben mir Gelegenheit zu gründlichem Nachdenken über die Grundsätze der großen Kunst gegeben, die so viele Reiche emporgebracht oder zerstört hat. Die große römische Disziplin besteht nur noch bei uns. Folgen wir auch darin dem Beispiel der Römer, daß wir den Krieg zum Gegenstand unseres Studiums und den Frieden zur steten Übung machen.

Ich habe es also für nützlich gehalten, Euch meine Betrachtungen mitzuteilen, Euch, die Ihr nach mir den größten Anteil am Kommando habt und denen schon eine Andeutung meiner Gedanken genügen muß, Euch endlich, die Ihr in meiner Abwesenheit nach meinen Grundsätzen zu handeln habt.

In diesem Werke habe ich meine eigenen Betrachtungen mit denen vereint, die ich in den großen Schriften der größten Feldherren fand, und ein Ganzes daraus gemacht, das ich auf die Ausbildung unserer Truppen angewandt habe.

Einbringung von Trophäen: sie krönen die Friedensarbeit des Heeres und das Studium des Krieges, das König Friedrich in den »Generalprinzipien« seinen Generalen ans Herz legt.

Ich schreibe nur für meine Offiziere. Ich rede nur von dem, was auf den preußischen Dienst anwendbar ist, und fasse keine anderen Feinde ins Auge als unsere Nachbarn; denn beide Worte sind leider zum Wechselbegriff geworden. Ich hoffe, meine Generale werden durch die Lektüre dieses Werkes mehr als durch alles, was ich ihnen mündlich sagen könnte, überzeugt sein und erkennen, daß die Disziplin unseres Heeres die Grundlage für den Ruhm und die Erhaltung des Staates ist. Wenn sie sie unter diesem Gesichtspunkt betrachten, werden sie eifriger denn je die Ordnung bei den Truppen in voller Kraft aufrechterhalten, damit man nicht von uns sagen kann, wir hätten die Werkzeuge unseres Ruhmes in unseren Händen stumpf werden lassen. Es ist schön, sich Ruhm erworben zu haben. Es sei aber auch fern von uns, in sträflicher Sicherheit einzuschlafen. Vielmehr müssen wir von langer Hand die Mittel vorbereiten, zu deren Gebrauch uns Zeit und Umstände Gelegenheit geben werden.

Ich setze bei allen nachfolgenden Betrachtungen meine Reglements für die Armeen voraus, die gleichsam der Katechismus meiner Offiziere sind, und handle in dieser Schrift nur von dem, was den Heerführer angeht und was das Größte und Schwierigste an der Kriegskunst ist.

Vorzüge und Mängel der preußischen Truppen

Unsere Truppen erfordern von ihren Führern unendlichen Fleiß. Bei steter Wahrung der Disziplin müssen sie mit größerer Sorgfalt unterhalten und besser ernährt werden als vielleicht alle übrigen Truppen Europas.

Unsere Regimenter bestehen zur Hälfte aus Landeskindern, zur Hälfte aus Söldnern. Die letzteren, die kein Band an den Staat fesselt, suchen bei jeder Gelegenheit wegzulaufen. Darum ist es sehr wichtig, die Desertion zu verhüten. Einige unserer Generale meinen, ein Mann sei nur ein Mann und der Verlust eines Einzelnen sei ohne Einfluß auf das Ganze. Das mag für andere Armeen zutreffen, aber nicht für die preußische. Desertiert ein ungeschickter Kerl und wird er durch einen anderen Tölpel ersetzt, so ist das einerlei. Geht aber der Truppe ein Soldat verloren, den man zwei Jahre gedrillt hat, um ihm die nötige körperliche Gewandtheit beizubringen, und wird er schlecht oder gar nicht ersetzt, so hat das auf die Dauer schlimme Folgen. Hat man doch gesehen, wie durch die Nachlässigkeit der Offiziere im Kleinen ganze Regimenter zugrunde gerichtet worden sind. Ich selbst habe solche gesehen, die durch Desertion ganz erstaunlich zusammenschmolzen. Derartige Verluste schwächen die Armee; denn die Zahl macht stets viel aus. Haltet Ihr also nicht die Hand darauf, so verliert Ihr Eure besten Kräfte und seid nicht imstande, sie zu ersetzen. Es gibt zwar Menschen genug in meinem Staate, aber ich frage Euch, ob viele den Wuchs haben wie unsere Soldaten? Und wenn auch, sind sie dann gleich ausgebildet?

Es ist also eine wesentliche Pflicht jedes Generals, der eine Armee oder ein einzelnes Korps kommandiert, der Desertion vorzubeugen. Nicht weniger Sorgfalt erfordert die Erhaltung der Disziplin. Man wird vielleicht sagen: dafür werden schon die Obersten sorgen! Aber das genügt nicht. Bei einer Armee muß alles bis zur Vollkommenheit getrieben werden, und man muß erkennen, daß alles, was geschieht, das Werk eines Einzigen ist. Der größte Teil einer Armee besteht aus nachlässigen Leuten. Sitzt der Heerführer ihnen nicht beständig auf den Hacken, so gerät die ganze kunstvolle und vollkommene Maschine sehr bald in Unordnung, und er verfügt nur noch in der Idee über eine wohldisziplinierte Armee. Man muß sich also daran gewöhnen, unaufhörlich zu arbeiten. Wer das tut, den wird die Erfahrung lehren, daß dies notwendig ist und daß alle Tage Mißbräuche abzustellen sind. Sie entgehen nur denen, die sich nicht die Mühe geben, darauf zu achten.

Diese beständige, mühsame Arbeit scheint zwar hart, aber ein Heerführer, der sie leistet, sieht sich dafür reichlich belohnt. Welche Erfolge kann er doch mit so beweglichen, tapferen, gut disziplinierten Truppen über den Feind erringen! Ein Heerführer, der bei anderen Völkern für verwegen gälte, tut bei uns nur, was den Regeln entspricht. Er kann alles wagen und unternehmen, was Menschen zu vollbringen vermögen.

Was läßt sich nicht mit so gut disziplinierten Truppen unternehmen! Die Ordnung ist der ganzen Armee zur Gewohnheit geworden. Die Pünktlichkeit ist bei Offizieren und Mannschaften so weit getrieben, daß jeder schon eine halbe Stunde vor der bestimmten Zeit fertig ist. Vom Offizier bis auf den letzten Gemeinen redet keiner, aber alle handeln, und der Befehl des Heerführers wird prompt befolgt. Versteht er also nur richtig zu kommandieren, so kann er der Ausführung seiner Befehle sicher sein. Unsere Truppen sind so behend und beweglich, daß sie im Handumdrehen sich in Schlachtordnung aufstellen. Bei der Schnelligkeit ihrer Bewegungen können sie fast niemals vom Feind überfallen werden. Wollt Ihr ein Feuergefecht führen: welche Truppen feuern so schnell wie die preußischen? Die Feinde sagen, man stände vor dem Rachen der Hölle, wenn man unserer Infanterie gegenüberstände. Gilt es, nur mit dem Bajonett anzugreifen: welche Infanterie rückt besser als sie, mit festerem Schritt und ohne Schwanken dem Feinde zu Leibe? Wo findet man mehr Haltung in den größten Gefahren? Muß man schwenken, um dem Feind in die Flanke zu fallen, es ist im Augenblick geschehen und ohne die geringste Mühe zustande gebracht.

In einem Lande, wo der Militärstand der vornehmste ist, wo die Blüte des Adels in der Armee dient, wo alle Offiziere Leute von Stand und die Landeskinder, nämlich Söhne von Bürgern und Bauern, Soldaten sind, muß unter den Truppen auch Ehrgefühl herrschen. Und es herrscht in hohem Maße. Ich habe selbst gesehen, daß Offiziere lieber fallen als zurückweichen wollten. Offiziere wie Soldaten dulden unter sich keine Leute, die Schwachheit gezeigt haben, was man in anderen Armeen gewiß nicht gerügt hätte. Ich habe schwer verwundete Offiziere und Soldaten gesehen, die ihren Posten nicht verlassen und sich nicht zurückziehen wollten, um sich verbinden zu lassen.

Mit solchen Truppen könnte man die ganze Welt bezwingen, wären die Siege ihnen nicht ebenso verderblich wie ihren Feinden. Denn man kann mit ihnen alles unternehmen, wenn man nur Lebensmittel genug hat. Marschiert Ihr, so kommt Ihr den Feinden durch Schnelligkeit zuvor. Greift Ihr einen Wald an, so werft Ihr den Gegner hinaus. Stürmt Ihr gegen einen Berg an, so verjagt Ihr die Verteidiger von den Höhen. Laßt Ihr feuern, so richtet Ihr ein Blutbad an. Laßt Ihr die Kavallerie angreifen, so gibt es ein Gemetzel, bis der Feind vernichtet ist.

Da aber die Güte der Truppen allein nicht genügt und ein ungeschickter Heerführer alle diese großen Vorzüge zunichte machen könnte, so will ich im folgenden von den Eigenschaften eines Feldherrn reden und die Regeln vorschreiben, die ich teils auf eigene Kosten lernte oder die großen Feldherren uns hinterließen.

Feldzugspläne

Sobald man einen Krieg vorhat, werden Feldzugspläne entworfen. Da die Nachbarn eines Fürsten gewöhnlich seine Feinde sind, so wollen wir als solche die Russen, die Sachsen und vor allem die Österreicher ansehen. Politik und Kriegskunst müssen sich beim Entwerfen der Feldzugspläne die Hand reichen. Man muß die Stärke des Herrschers kennen, mit dem man Krieg führt, dessen Bundesgenossen und das Land, das den Schauplatz Eures Ruhmes oder Eurer Schande bilden wird. Was die Truppenzahl betrifft, so muß es Euch genügen, wenn Ihr 75 000 Mann gegen 100 000 ins Feld stellen könnt. Was die Bundesgenossen des Feindes angeht, so schont man entweder die Mächte, die er um Hilfe angeht, oder man erdrückt sie, bevor sie ihre Kräfte mit den anderen vereinen können. Das Land, wohin man den Krieg tragen will, muß Euch so genau bekannt sein, wie einem Schachspieler das Schachbrett.

Im allgemeinen taugen alle Kriege nichts, bei denen wir uns zu weit von unseren Grenzen entfernen. Hat man doch alle Kriege, die andere Völker in dieser Weise geführt haben, unglücklich enden sehen! Karls XII. Ruhm ging in den Einöden von Pultawa unter. Kaiser Karl VI. vermochte sich in Spanien nicht zu behaupten, ebensowenig die Franzosen in Böhmen (1742). Alle Feldzugspläne, die auf weite Vorstöße angelegt sind, müssen also als schlecht verworfen werden.

Zur Verteidigung entwirft man andere Pläne als zum Angriff.

Ein Plan, der ausschließlich auf Verteidigung hinausläuft, taugt nichts. Er zwingt Euch zum Beziehen von festen Lagern; der Feind umgeht Euch, und da Ihr nicht zu kämpfen wagt, zieht Ihr Euch zurück. Der Feind umgeht Euch wieder, und beim Schluß der Rechnung findet sich, daß Ihr durch Euren Rückzug mehr Gelände einbüßt als durch eine verlorene Schlacht. Auch schmilzt Eure Armee durch Desertion mehr zusammen als durch den blutigsten Kampf. Eine so ausschließliche Defensive, wie ich sie hier meine, ist wertlos; denn bei ihr ist alles zu verlieren und nichts zu gewinnen. Einem solchen Verhalten ziehe ich also die Kühnheit des Heerführers vor, der lieber zur rechten Zeit eine Schlacht wagt; dann hat er alles zu hoffen, und selbst im Unglücksfall bleibt ihm immer noch das Mittel der Defensive.

Ein offensiver Feldzugsplan erfordert genaue Prüfung der feindlichen Grenzen. Nach gründlicher Erwägung, wo man den Angriff beginnen will, bestimmt man entsprechend den Versammlungsort der Armee und sorgt endlich für die Lebensmittel.

1. Offensivpläne

Der größeren Klarheit halber will ich meine Grundsätze an Beispielen erläutern und Angriffspläne gegen Sachsen, Böhmen und Mähren entwerfen.

Gilt es Sachsen anzugreifen, so muß man sich der Elbe bemächtigen. Für den Anfang des Unternehmens wäre Halle der bequemste Versammlungsort der Armee. Das Hauptdepot müßte in Halle sein, das Hauptmagazin in Magdeburg. Ein Feldherr, der sich nicht mit genug Lebensmitteln versieht, würde bald aufhören, ein Held zu sein, auch wenn er sonst größer als Cäsar wäre. Die Versorgung der Magazine muß man einem redlichen, verschwiegenen und geschickten Manne anvertrauen. Man versieht sich mit Mehl für ein ganzes Kriegsjahr, und die Armee selbst führt für drei bis vier Wochen Mehl mit sich. Ihr laßt eine Besatzung in Halle und achtet darauf wohl, daß der Feind Euer Magazin nicht durch Verräterei beschädigt. Hält der Feind stand, so müßt Ihr ihm eine Schlacht liefern, damit Ihr Eure Operationen weiter vortreiben könnt. Siegt Ihr, so schreitet Ihr zur Belagerung von Wittenberg. Damit macht Ihr Euch zum Herrn der Elbe, die Euch Eure Lebensmittel zuführen soll, rückt an ihr entlang bis Dresden vor und bemächtigt Euch dieser Hauptstadt. Zugleich muß man sich folgende Fragen stellen: Setzt sich der Feind bei Meißen fest, wie kann ich ihn dann umgehen? Oder besetzt er die Kesselsdorfer Höhen, mit welchem Manöver kann ich ihn von da vertreiben? Ihr werdet dann auf den Gedanken kommen, entweder rechterhand zu marschieren und ihn zu umgehen, oder ein Detachement über die Elbe zu werfen und die Altstadt von Dresden anzugreifen. Dadurch kann der Gegner zum Rückzug gezwungen werden, oder man muß sich zum Angriff entschließen, wie der Fürst von Anhalt.

Habe ich Absichten auf Böhmen, so untersuche ich die ganze schlesische Grenze und finde dort vier Pässe, die wichtiger sind als die anderen.

Der erste liegt nach der Lausitz zu, der zweite bei Schatzlar, der dritte bei Braunau, und der vierte führt aus der Grafschaft Glatz über Rückers und Reinerz stracks nach Königgrätz. Der bei Friedland, also der Lausitzer, taugt nichts; denn in der dortigen Gegend ist kein einziger haltbarer Platz in Schlesien, wo man Magazine errichten könnte. Auch führt dieser Paß nur in einen Winkel von Böhmen, und schließlich ist das Land dort gebirgig, zu Belästigungen geeignet und arm an Lebensmitteln. Der Paß bei Schatzlar hat fast die gleichen Nachteile, und wenn der Feind auf den Höhen hinter der Stadt lagert, so gibt es kein Mittel, ihn anzugreifen oder zu umgehen; denn die Straße nach Goldenöls ist ein schlimmer Engpaß und daher nur benutzbar, wenn kein Feind da ist. Da man ferner beim Heraustreten aus dieser Mördergrube noch am Silvawalde vorbei muß, so würde ich die Straße über Braunau vorziehen. Sie ist von allen, die von Schlesien nach Böhmen führen, die bequemste; denn Ihr habt Eure Magazine in Schweidnitz, d. h. in der Nähe, und wenn Ihr von dieser Seite in Böhmen eindringt, deckt Ihr zugleich ganz Niederschlesien, wogegen auf dem Wege von Glatz nach Böhmen nichts gedeckt wird. Außerdem ist die Straße über Braunau auch deshalb besser, weil bei allen Kriegen, die in Schlesien geführt werden, die Oder als Nährmutter der Armee zu betrachten ist. Die Oder fließt aber näher bei Schweidnitz als bei Glatz. Auch sind für unser Proviantfuhrwerk die Wege von Schweidnitz besser als die von Glatz. Da also der Weg über Braunau in jeder Hinsicht der zweckmäßigste ist, muß man ihn zum Angriffspunkt wählen.

Nachdem dies entschieden ist, errichte ich mein Magazin in Schweidnitz unter einer Bedeckung von 2000 bis 3000 Mann. Zugleich bestimme ich ein Korps von 7000 Mann zur Deckung von Oberschlesien nach der Seite von Neustadt und ein anderes von 3000 Mann zur Deckung des oberen Oderlaufes zwischen Kosel und Brieg. Beide Korps sind unerläßlich. Sie decken die linke Flanke von Niederschlesien gegen die Einfälle der Ungarn, die sonst bald Eure Proviantzüge hemmen und alle Maßregeln für die Verpflegung stören würden, die man im Rücken der Armee treffen muß. Beide Korps sind um so weniger gefährdet, als sich das eine nach Neiße, das andere nach Kosel oder Brieg zurückziehen kann.

Es ist schwer, die Art der Operationen in Böhmen zu bestimmen, ohne vorher festgestellt zu haben, worauf es abgesehen ist. Meine Erfahrung hat mir gezeigt, daß Böhmen leicht zu erobern, aber schwer zu behaupten ist. Wer Böhmen unterwerfen will, wird sich allemal täuschen, so oft er den Krieg dorthin trägt. Um es zu erobern, muß man Österreich von der Donau und von Mähren angreifen. Dann fällt dies große Königreich von selbst, und man hat nur Besatzungen hinzuschicken.

Führen wir allein Krieg gegen die Königin von Ungarn, so werden unsere Feldzüge defensiv sein unter der Maske und den äußeren Formen des Offensivkrieges. Ich stütze meine Meinung auf folgendes: Böhmen hat weder verteidigungsfähige Städte noch schiffbare Flüsse. Wir müssen also alle unsere Zufuhren aus Schlesien kommen lassen. Eine Bergkette, die zu Belästigungen wie geschaffen ist, trennt beide Staaten. Man schlage also den Feind, nehme ihm Städte weg – mit alledem hat man noch nichts gewonnen; denn die Städte sind nicht zu halten. Ihr dürft Eure Magazine darin nicht gefährden, und dringt Ihr tiefer in Feindesland ein, so schneiden die Bergpässe Euch von Euren Lebensmitteln, der Feind Euch von Euren rückwärtigen Verbindungen ab, und Ihr lauft Gefahr, daß Eure Armee verhungert. Wie kann man den Winter in einem solchen Lande verbringen? Wie seine Quartiere sichern? Wie den Truppen Ruhe geben, damit sie sich von den Strapazen erholen? Man wird vielleicht sagen: Haben wir nicht den Winter von 1741 auf 1742 in Böhmen verbracht? Zugegeben! Aber wir waren nicht allein dort. Die Franzosen beschäftigten die Österreicher derart, daß diese nicht an uns denken konnten.

Alle diese Umstände müssen also den Heerführer bestimmen, sich nach seinen Mitteln zu richten und einen ausführbaren Plan einem glänzenden vorzuziehen. Bei dem ganzen Unternehmen wird aber nichts Großes herauskommen, wofern wir nicht ein bedeutendes Übergewicht über die Österreicher haben. Bei gleichen Kräften jedoch dürfte sich der Feldzug darauf beschränken, daß man auf Kosten des Feindes lebt, solange man kampiert. Währenddessen muß man die ganze schlesische Grenze rein ausfouragieren, um zu verhindern, daß der Feind dort viele Truppen hält, und am Ende des Feldzuges muß man durch die Grafschaft Glatz, wo die Rückzugsstraßen noch am leidlichsten sind, nach Schlesien zurückkehren. Der ganze Landstrich an der schlesischen Grenze, den Ihr im Sommer ausfouragiert habt, wird Euch die Winterruhe sichern.

Will man Mähren angreifen, so sind ganz andere Pläne zu fassen. Drei Straßen führen dorthin: erstens von Glatz über Littau nach Olmütz, zweitens von Troppau über Sternberg, und drittens über Hultschin und Prerau. Ich wähle die über Jägerndorf, Zuckmantel und Sternberg, da sie Neiße am nächsten liegt. Sind meine Streitkräfte den feindlichen gleich, so detachiere ich 7000 bis 8000 Mann gegen Braunau und Schatzlar, um von dorther Niederschlesien zu decken. Diese Truppen leben auf Kosten Böhmens. Tritt der Feind in zu großer Überzahl auf, so finden sie allemal nahe und sichere Zuflucht in Schweidnitz. Ein zweites, noch stärkeres Detachement unter Führung des geschicktesten Offiziers im ganzen Heere schicke ich nach der Jablunka zur Deckung meiner linken Flanke gegen die Ungarn und zur Sicherung meiner Zufuhr und der übrigen Maßregeln, die ich in Oberschlesien für die Verpflegung der gegen Mähren bestimmten Armee treffen muß. Da meine Armee von ihren Lebensmitteln abhängt und diese lediglich von dem an der Jablunka stehenden Korps gedeckt werden, so liegt der Erfolg meiner Pläne in den Händen des Generals, der jenes Korps befehligt.

Nach diesem Plane muß mein Hauptmagazin in Neiße und mein Depot in Troppau sein, und zwar, weil Troppau sich zur Verteidigung einrichten läßt, Jägerndorf aber durchaus nicht. Auch kann Troppau eine ziemlich starke Besatzung fassen, Jägerndorf aber kaum ein Bataillon. In Troppau errichte ich also ein Depot für drei Monate, außer den Lebensmitteln für einen Monat, die ich bei der Armee mitführe. In Sternberg lasse ich Erdwerke auswerfen und Palisaden errichten; denn es ist auf der ganzen Straße der einzige Ort, der meinen Proviantzügen eine Art von Schutz bieten kann. Sind alle diese Vorkehrungen getroffen, so marschiert meine Armee auf Olmütz, und ich nehme 12 Mörser und 24 Feldgeschütze zur Belagerung mit. Alle Überschwemmungen, die der Feind rings um die Festung machen kann, lassen sich ableiten. Außerdem ist das Bett der March nicht tief. Wird also der Feind aus der Nachbarschaft verjagt, so kann sich Olmütz höchstens acht bis zehn Tage nach Eröffnung der Laufgräben halten. Der Angriff findet von Littau her statt.

Ist Olmütz erobert, so werden die Laufgräben zugeschüttet und die Breschen ausgefüllt. Zugleich wird das Magazin von Troppau unter guter Bedeckung nach Olmütz geschafft und durch das Magazin von Neiße wieder aufgefrischt. Alsdann geht man gegen den Feind vor, der sich wahrscheinlich bei Pohrlitz oder Wischau gelagert und dort seine Verluste ersetzt, vielleicht auch Verstärkung erhalten hat. Ihn in den Stellungen, die er einnehmen kann, zu umgehen, ist schwer; denn man muß sich den Rükken nach Olmütz freihalten, um dieses zu decken. Daher muß man den Feind, um Terrain zu gewinnen, womöglich zu einer Schlacht zwingen. Dann wird er sich nach Brunn zurückziehen und dort den letzten Widerstand zu leisten versuchen. Allem Anschein nach wird er dann auf den Höhen hinter dem Spielberg lagern. Das ist der kritischste Punkt des ganzen Feldzuges. Solange sich der Feind in der Nachbarschaft aufhält, wäre die Belagerung von Brunn zu schwierig, und ihn zu vertreiben, wäre auch schwer. Um aber dennoch zum Ziel zu gelangen, bietet sich folgendes Mittel. Man schickt starke Streifkorps nach Österreich, damit das Angstgeschrei der Wiener den feindlichen Heerführer zwingt, ihnen zu Hilfe zu eilen. Räumt der Feind seine Stellung, so muß man ihm auf den Leib rücken, um ihn zu schlagen, und nach errungenem Siege die Belagerung von Brunn vornehmen. Dazu läßt man die Belagerungsartillerie und Lebensmittel für drei Wochen aus Olmütz kommen. Brunn hat wenig zu bedeuten. Die Stadt kann sich acht Tage nach Eröffnung der Laufgräben halten und das Schloß höchstens zwölf Tage.

Ist Brunn genommen, so schiebt man sein Magazin von Olmütz dahin vor, verproviantiert die Stadt wieder und marschiert gegen Znaim und Nikolsburg. Dadurch zwingt man den Feind zum Rückzuge nach Österreich. Obgleich die Österreicher Mähren mit ihrer Armee räumen, werden sie doch ihre leichten Truppen dorthin schicken. Die Anhänglichkeit des Volkes und die Geländebeschaffenheit werden sie durchaus begünstigen. Diese leichten Truppen werden sich zu Eurer Rechten in den Bergen von Kloster Saar bis nach Trebitsch und Eurein und zu Eurer Linken bei Hradschin und Napagedl einnisten. Um sie völlig aus ihren Schlupfwinkeln zu verscheuchen, muß man die Zeit der Winterquartiere abwarten, und da bei Euren guten Erfolgen anzunehmen ist, daß die ungarischen Truppen ihre Absicht auf Oberschlesien aufgegeben haben, so kann man einen Teil des Korps, das ihnen an der Jablunka entgegengestellt war, dann in Mähren verwenden.

2. Defensivpläne

Wenn ich auch einen Feldzugsplan mißbillige, der sich auf die reine Defensive beschränkt, so bin ich mir doch bewußt, daß man nicht immer einen völligen Offensivkrieg führen kann. Ich verlange nur, daß dem Heerführer in der Defensive nicht durch irgendwelche Befehle die Hände gebunden werden, sondern daß die Defensive vielmehr eine List sei, die das Selbstgefühl der Feinde reizt und sie zu Fehlern verleitet, aus denen ein geschickter Feldherr seinen Vorteil ziehen kann.

In der Defensive besteht die größte Kunst des Heerführers darin, seinen Feind auszuhungern. Das ist ein Mittel, bei dem er nichts aufs Spiel setzt, aber alles gewinnen kann. Dazu ist erforderlich, daß man durch Klugheit und gewandtes Benehmen das Spiel des Zufalls soweit als möglich ausschaltet. Der Hunger besiegt einen Menschen weit sicherer als der Mut des Gegners. Da aber die Wegnahme eines Proviantzuges oder der Verlust eines Magazins den Krieg noch nicht gleich beendigt und nur Schlachten zur Entscheidung führen, so muß man zum Erreichen seines Ziels beide Mittel anwenden.

Ich begnüge mich damit, zwei Defensivpläne nach meinen Grundsätzen zu entwerfen: einen für Niederschlesien, den anderen für die Kurmark.

Ich nehme an, die Österreicher wollen Niederschlesien von Böhmen her angreifen, und trete ihren Absichten folgendermaßen entgegen.

Ich errichte mein Hauptmagazin in Schweidnitz und lege 5 Bataillone und 3 Husarenschwadronen hinein. Außerdem errichte ich ein Depot im Schlosse von Liegnitz, um den Feind begleiten zu können, falls er auf dieser Seite eindringen sollte. Erfordern es die Umstände, so schicke ich auch ein Detachement nach Neiße. Vor allem aber lege ich eine Besatzung von 7 Bataillonen und 3 Husarenregimentern nach Glatz, damit dies Korps in Böhmen eindringen, dem Feinde seine Zufuhr abschneiden und ihm wohl gar, wenn es möglich ist, sein Magazin in Königgrätz wegnehmen oder zerstören kann. Dadurch ginge der ganze Feldzug für die Österreicher verloren, und wir wären leichten Kaufs von ihnen befreit. Ich lasse meine Armee bei Schönberg und Liebau lagern, wodurch ich die Straße von Schatzlar decke. Dann steht dem Feinde nur noch der Weg über Braunau nach Schlesien frei. Ich lasse mein Lager sogar verschanzen, um den Anschein zu erwecken, als ob ich mich fürchte. Dringt der Feind nun über Braunau in Schlesien ein, so lasse ich ihn ruhig vorrücken und lagere mich dann unversehens in seinem Rücken, wozu die Armee allerdings für vierzehn Tage Brot und Mehl haben muß. Dadurch zwinge ich den Feind zur Schlacht, und da ich in seinem Rücken stehe, hängt es ganz von mir ab, ein Schlachtfeld zu wählen, das mir die größten Vorteile bietet. Durch dies Manöver setze ich nichts aufs Spiel, sobald die Befestigung von Schweidnitz vollendet ist. Dem Feind hingegen, wenn er unter solchen Umständen geschlagen wird, steht kein Weg zum Rückzug mehr offen. Angenommen aber, die Österreicher gingen nur tastend vor, so muß ich über eins ihrer Detachements oder über ihre Avantgarde herfallen und alle List gebrauchen, um sie dreist zu machen, dann aber aus ihrer Verwegenheit Nutzen ziehen.

Weit schwieriger ist die Verteidigung der Kurmark, weil sie ein offenes Land ist und die an Sachsen grenzenden Wälder für Lager und Märsche gleich ungünstig sind. Doch glaube ich, daß man sich folgendermaßen benehmen müßte.

Berlin, eine offene Stadt, erfordert als Landeshauptstadt meine größte Aufmerksamkeit. Es liegt nur 12 Meilen von Wittenberg. Ich nehme an, die feindliche Armee versammelt sich dort. Dann könnte der Feind drei Pläne ausführen. Der eine wäre, an der Elbe entlang zu marschieren; das aber würde ihm wegen Magdeburg schwer fallen, denn einen solchen Platz kann man nicht hinter sich lassen. Zweitens könnte der Feind über die Oder und den neuen Kanal kommen. Dann aber ließe er sein ganzes Land offen, und man könnte ihn durch einen Vorstoß gegen Wittenberg gleich nach Sachsen zurückwerfen. Der dritte Plan wäre der, stracks auf Berlin loszumarschieren. Die beste Defensive besteht darin, in Sachsen einzufallen, wie wir es im Winter 1745 getan haben. Sich hinter die Spree oder Havel zurückziehen, hieße das Land preisgeben.

Lieber würde ich meine Armee bei Brandenburg versammeln, meine Lebensmittel nach Brandenburg und Spandau schaffen, alle Havelbrücken, außer denen zu Brandenburg und Spandau, zerstören und einige Eilmärsche machen, um die Sachsen in ihrem eigenen Lande anzugreifen, sie zu schlagen und sie selbst in die Defensive zu werfen. Man sage, was man will, aber es gibt keinen anderen Entschluß.

Am schwierigsten sind die Feldzugspläne, bei denen man sich vieler starker und mächtiger Feinde zu erwehren hat. Dann muß man seine Zuflucht zur Politik nehmen und seine Feinde untereinander zu entzweien suchen oder den einen und anderen durch Vorteile, die man ihm verschafft, von ihnen trennen. In militärischer Hinsicht muß man dann zur rechten Zeit zu verlieren wissen (wer alles verteidigen will, verteidigt nichts), muß eine Provinz dem Feinde opfern und derweil mit seiner ganzen Macht den anderen zu Leibe gehen, sie zur Schlacht zwingen und alles aufbieten, um sie zu vernichten. Dann muß man Detachements gegen die übrigen senden. Solche Kriege richten die Heere durch die Strapazen und Märsche, die man ihnen zumutet, zugrunde, und dauern sie lange, so nehmen sie zuletzt doch ein schlimmes Ende.

Überhaupt müssen alle Feldzugspläne sich nach den Zeitumständen und der Art und Anzahl der Feinde richten, mit denen man zu tun hat. Man soll den Feind nie am grünen Tisch verachten, vielmehr sich an seine Stelle versetzen und sich fragen, was man in seiner Lage tun würde. Je mehr Hindernisse man in seinen Plänen voraussieht, desto weniger wird man nachher bei der Ausführung finden. Kurz, man muß alles voraussehen, alle Schwierigkeiten erkennen und sie zu beseitigen wissen.

Das Augenmaß

Der sogenannte Feldherrnblick besteht in zweierlei. Das erste ist das Talent, auf der Stelle zu beurteilen, wieviel Truppen ein Gelände fassen kann. Das lernt sich nur durch Übung. Hat man selbst ein paar Lager abgesteckt, so bildet sich das Auge derart, daß man sich in den Maßen nur ganz wenig täuscht. Das andere weit höhere Talent besteht darin, beim ersten Blick alle Vorteile zu erkennen, die ein Gelände bieten kann. Dies Talent läßt sich erwerben und vervollkommnen, wofern man mit einer glücklichen Anlage zum Kriegführen geboren ist. Die Grundlage für diese Art Blick bildet unstreitig die Befestigungskunst. Für sie bestehen Regeln, die man auf die Stellung der Armeen anwendet. Daher wird ein geschickter Heerführer die geringste Anhöhe, einen Hohlweg, einen Graben, einen Morast benutzen. Da nun auf einer Quadratmeile vielleicht zweihundert Stellungen möglich sind, wird sein Blick die beste sofort erfassen. Ein geschickter Heerführer wird die geringste Anhöhe zum Erkunden des Geländes und zur Wahl seiner Stellung benutzen. Ebenso wird er nach den Regeln der Befestigungskunst den schwachen Punkt der feindlichen Aufstellung wahrnehmen.

Die Regeln der Befestigungskunst lehren uns, daß man sorgfältig die Höhen besetzt und solche auswählt, die nicht von anderen Höhen beherrscht werden, daß man die Flügel anlehnt, um seine Flanken zu decken, daß man Stellungen einnimmt, die sich verteidigen lassen, aber keine, die ein Ehrenmann nicht behaupten kann, ohne seinen Ruf aufs Spiel zu setzen. Nach derselben Regel beurteilt man auch die schwachen Punkte des Feindes, mag die Schuld an dem ungünstigen Gelände oder an der verkehrten Aufstellung der Truppen oder an der Schwäche der Verteidigungseinrichtungen liegen.

Die Talente des Heerführers

Ein vollkommener Feldherr besteht nur in der Idee, wie die Republik Platos, das Gravitationszentrum der Philosophen und der Stein der Weisen. Vollkommenheit ist den Menschen in nichts beschieden. Allein das Bewußtsein unserer Unvollkommenheit darf uns nicht abhalten, Ideale aufzustellen, damit edle, von Ehrgefühl und Wetteifer beseelte Geister ihnen nahekommen, wenn sie sie auch nicht ganz erreichen können.

Überhaupt sind es die großen Beispiele und Muster, die die Menschen bilden. Wenn schon Helden wie Eugen, Condé, Turenne und Cäsar unsere Bewunderung erregen, wieviel mehr muß uns dann erst ein Bild ergreifen, das ihre verschiedenen Vollkommenheiten vereinigt darstellt! Wie vieler gegensätzlicher Tugenden bedarf es doch für einen Feldherrn!

Vor allem setze ich voraus, daß er ein Ehrenmann und ein guter Staatsbürger sei, Eigenschaften, ohne die alle Gewandtheit und Feldherrngaben mehr schädlich als nützlich sind. Ferner verlangt man von ihm Verstellungskunst und dabei doch den Anschein der Natürlichkeit, Sanftmut und Strenge, stetes Mißtrauen und unerschütterliche Ruhe. Er soll seine Soldaten aus Menschlichkeit schonen und doch zuweilen verschwenderisch mit ihrem Leben umgehen, soll mit dem Kopfe arbeiten und doch tatkräftig handeln, verschlossen und gründlich sein, über alles Bescheid wissen, nie eine Sache über einer anderen vergessen und die kleinen Details, von denen so oft Großes abhängt, nicht vernachlässigen noch als zu gering ansehen.

Alle diese Eigenschaften empfehle ich wegen ihrer Wichtigkeit, und zwar aus folgenden Gründen.

Die Kunst, seine Gedanken zu verbergen, oder die Verstellungskunst ist für jeden, der große Geschäfte zu leiten hat, unentbehrlich. Die ganze Armee liest aus der Miene des Heerführers, wie seine Sache steht. Sie prüft die Ursachen seiner guten und schlechten Laune, seine Gebärden; mit einem Worte: nichts entgeht ihr. Ist er nachdenklich, so sagen die Offiziere: »Sicherlich hat unser General etwas Großes vor.« Sieht er traurig oder verdrießlich aus: »Ach!« heißt es dann, »die Dinge stehen übel.« Und ihre Einbildungskraft, die sich in leeren Mutmaßungen ergeht, sieht alles schlimmer, als es ist. Solche Gerüchte entmutigen; sie laufen durch die ganze Armee und dringen aus Eurem in das feindliche Lager. Darum muß der Heerführer wie ein Schauspieler sein und die Miene aufsetzen, die ihm die Rolle, die er spielen will, vorschreibt. Kann er das nicht über sich bringen, so muß er lieber eine Krankheit vorschützen oder sich irgend einen Scheingrund ausdenken, um die Öffentlichkeit irrezuführen. Trifft eine schlimme Nachricht ein, so stellt er sich, als mache er sich gar nichts daraus, und prahlt mit der Zahl und Größe seiner Hilfsmittel. Er verachtet den Feind öffentlich und respektiert ihn im geheimen.

Hat im Kleinkrieg irgend eins seiner Streifkorps eine Schlappe erlitten, so untersucht er die Ursachen davon und findet allemal heraus, daß das falsche Benehmen oder die Unwissenheit des Führers daran schuld war. Er erklärt öffentlich, daß die Schuld an der erlittenen Schlappe nicht der mangelnden Tapferkeit der Truppen zuzuschreiben sei, untersucht die Fehler des Offiziers und gibt dadurch den anderen eine Lehre. Derart erzieht er seine Offiziere und raubt den Truppen das Vertrauen auf ihre eigene Kraft nicht.

Milde und Strenge sind bei den Soldaten abwechselnd angebracht. Der Heerführer muß populär sein. Er muß mit den Soldaten reden, wenn er an ihren Zelten vorbeikommt, oder auf dem Marsche. Bisweilen sieht er nach, was sie zu kochen haben, kümmert sich um ihre kleinen Bedürfnisse, tut sein möglichstes, um ihnen das Leben zu erleichtern, und erspart ihnen unnötige Anstrengungen. Dagegen muß er mit der ganzen Strenge des Gesetzes gegen Meuterer und Plünderer verfahren, keinen Widerspruch dulden, und wenn Exempel statuiert werden müssen, die Deserteure aufs strengste bestrafen. Kurz, alles, was den Dienst betrifft, muß mit Ernst und Nachdruck geschehen; alles übrige kann mit Nachsicht behandelt werden. Was die Offiziere betrifft, so lobt er die wackeren Taten, die sie vollbracht haben, ist leutselig gegen sie und erweist ihnen Gefälligkeiten. In allem jedoch, was ihre Pflicht angeht, muß er unnachsichtlich sein und sie mit Gewalt dazu anhalten, falls sie sie vernachlässigen.

Der Heerführer tut gut daran, mit den einsichtsvollsten Generalen seiner Armee öfters vom Kriege zu sprechen. Er bringt sie auf allgemeine Fragen, hört ihre Meinungen an, und äußern sie dann in der freien Unterhaltung eine verständige Ansicht, so muß er sie benutzen, ohne sich anmerken zu lassen, daß er die Sache gut findet. Ist sie nachher aber ausgeführt und gelungen, so muß er im Beisein vieler Offiziere sagen: »Den Erfolg dieser Sache verdanke ich dem und dem.« Dadurch schmeichelt er der Eigenliebe der anderen, erweckt ihr Interesse an den allgemeinen Dingen, und durch seine Bescheidenheit macht er sich keine Neider, sondern gewinnt Freunde.

Die Normannen geben ihren Kindern eine Lebensregel mit: »Sei mißtrauisch!« – »Gegen wen?« – »Gegen jedermann.« Im Kriege gilt das Mißtrauen beständig dem Feinde. Nur ein Tor traut ihm. Zuweilen aber schläfert Euch das Gefühl der Sicherheit ein. Ich verlange also von einem Heerführer, daß er auf die Pläne seiner Feinde stets ein wachsames Auge habe. Er ist die Schildwache seiner Armee. Er muß sehen, hören, vorausschauen und allem Unheil, das ihr widerfahren könnte, vorbeugen. Gerade nach den größten Erfolgen muß man dem Feind am meisten mißtrauen. Man hält ihn dann zumeist für entmutigt und verfällt bei all seinen Unternehmungen in Lethargie. Oft hält ein geschickter Feind Euch mit falschen Friedensvorschlägen hin. Fallt nicht leichtfertig in diese Schlinge und bedenkt, daß seine Absichten nicht ehrlich sein können!

Stets muß man sich die Lage überlegen, in der man sich befindet, und sich fragen: »Welche Pläne würde ich fassen, wenn ich an des Feindes Stelle wäre?« Hat man sich mehrere solcher Pläne ausgedacht, so muß man über die Mittel nachsinnen, wie man sie zum Scheitern bringen könnte. Man muß dann vor allem sofort die etwaigen Mängel der eigenen Stellung, der Anordnung der Truppen, der Depots oder der Detachierungen verbessern. Und zwar muß das rasch geschehen; denn im Kriege können wenige Stunden entscheidend sein: da lernt man den Wert des Augenblicks schätzen. Aber das alles darf Euch nicht einschüchtern; denn die Kühnheit muß mit Vorsicht gepaart sein, und da sich der Erfolg eines Unternehmens niemals mathematisch beweisen läßt, so genügt es, wenn man es richtig anlegt. Den Ausgang muß man dann dem Schicksal überlassen. Alles läuft also darauf hinaus, daß man voraussieht, welchen Schaden der Feind einem tun kann. Dem muß man vorbeugen und ihm selber so viel Besorgnis einflößen, daß diese Besorgnis und Eure fortwährenden Unternehmungen ihn zur Defensive zwingen.

Wollt Ihr Euch die Liebe Eurer Soldaten erwerben, so überanstrengt oder exponiert sie niemals, ohne daß sie selbst einsehen, daß es notwendig ist. Seid ihr Vater und nicht ihr Henker. Bei Belagerungen schont man die Soldaten durch Laufgräben und in der Schlacht dadurch, daß man den Feind an seiner schwachen Stelle packt und rasch zu Werke geht. Je lebhafter die Angriffe sind, um so weniger Leute kosten sie. Indem Ihr die Schlachten kurz macht, verringert Ihr die Zeit, in der Ihr Verluste erleiden könnt. Derart geführt, bekommt der Soldat Zutrauen zu Euch und setzt sich freudig der Gefahr aus.

Die Hauptarbeit des Heerführers ist die Tätigkeit am grünen Tisch. Er muß Projekte entwerfen, Gedanken verknüpfen, auf seinen Vorteil sinnen, seine Hauptstellungen wählen, die Absichten des Feindes voraussehen, ihnen zuvorkommen und den Gegner unaufhörlich beunruhigen. Aber das genügt noch nicht. Er muß auch tätig sein, muß befehlen und ausführen und stets mit eigenen Augen sehen. Er muß also sein Lager selbst wählen, seine Feldwachen aussetzen und oft rund um das Lager reiten, um sich mit der Umgebung vertraut zu machen; dann wird ihm bei einem unvermuteten Angriff nichts neu sein. Er muß sich das Gelände so gut eingeprägt haben, daß er seine Befehle nach allen Seiten geben kann, als ob er an Ort und Stelle wäre, und daß nichts geschehen darf, woran er nicht im voraus gedacht hätte. Dann werden auch seine Anordnungen stets richtig sein. Er muß daher über alles, was das Lager im einzelnen betrifft, nachdenken und es wiederholt besichtigen; denn öfters kommen die guten Gedanken über eine Sache erst nach mehrfacher Überlegung. Seid also tätig und unermüdlich und legt alle geistige und körperliche Trägheit ab, sonst werdet Ihr nie den großen Feldherren gleichkommen, die uns zum Vorbild dienen.

Ein alter Schriftsteller hat gesagt, man wäre kein Mann, wenn man nicht zu schweigen wüßte. Der Mangel an Verschwiegenheit, im bürgerlichen Leben nur ein geringer Fehler, wird beim

Feldherrn zum größten Laster; denn wenn er auch die schönsten Pläne von der Welt entworfen hat, sie aber ausplaudert, so erfährt sie der Feind und erstickt sie im Keime. Die erste Vorsichtsmaßregel ist, daß man allen Detachementsführern oder Festungskommandanten Chiffernschlüssel gibt, damit ein aufgefangener Brief nicht Eure ganzen Pläne verrät. Im Kriege verbirgt man sogar seine wirklichen Absichten, und da manche Unternehmung viele und mannigfache Vorbereitungen erfordert, so trifft man sie unter allerlei Vorwänden, um die irrezuführen, die ihren Zweck ergründen wollen. Daher gibt man oft seine Befehle und Dispositionen erst spät am Vorabend des Tages, an dem man sie ausführen will. Um seine Pläne sicherer zu verbergen, darf man sich auch nicht zu oft der gleichen List bedienen, sondern muß damit wechseln und oft neue erfinden. Denn ein Heerführer ist von fünfzigtausend Neugierigen umgeben, die seine Absichten erraten wollen, und von Feinden, denen an ihrer Ergründung noch weit mehr liegt.

Der Heerführer muß alle seine Pläne mit Umsicht abwägen. Er sei langsam in seinen Überlegungen, aber rasch von Entschluß in der Schlacht und in unerwarteten Fällen. Er muß wissen, daß es immer noch besser ist, einen schlechten Entschluß zu fassen und ihn auf der Stelle auszuführen, als unentschlossen zu bleiben. Auch darf der Heerführer seine Person nicht leichtsinnig aufs Spiel setzen, vor allem aber sich nie in die Gefahr bringen, vom Feinde gefangen zu werden.

Wie man den Feind bei ungleichen Kräften schlagen kann

Ist der Feind den preußischen Truppen an Zahl überlegen, so muß man doch nicht am Siege verzweifeln. Aber dann müssen die Dispositionen des Heerführers den Mangel an Streitkräften wettmachen. Schwache Armeen müssen bergige und durchschnittene Gegenden aufsuchen; denn dort ist jedes Gelände beschränkt und die größere Zahl nützt dem Feinde nichts, wenn er mit ihr nicht überflügeln kann; ja sie wird ihm bisweilen zur Last. Hinzugefügt sei, daß man die Flügel einer Armee in bergigem und durchschnittenem Gelände besser anlehnen kann als in der Ebene. Wir hätten niemals die Schlacht von Soor gewonnen, wenn uns das Gelände nicht begünstigt hätte. Denn obwohl die Zahl unserer Truppen nur halb so groß war wie die der Österreicher, konnten diese uns doch nicht überflügeln. So stellte das Gelände eine Art von Ausgleich zwischen beiden Armeen her.

Meine erste Regel gilt also der Wahl des Geländes und die zweite dem Schlachtplane selbst. Bei solchen Gelegenheiten kann man meine schräge Schlachtordnung mit Erfolg anwenden. Man versagt dem Feind einen Flügel und verstärkt den anderen, der zum Angriff bestimmt ist. Dieser greift einen Flügel des Feindes mit aller Kraft an, und zwar in der Flanke. Eine Armee von 100 000 Mann kann, in der Flanke gefaßt, von 30 000 Mann geschlagen werden; denn die Schlacht wird dann rasch entschieden. Siehe den Plan. Hier führt mein rechter Flügel den Hauptstoß aus. Eine Infanterieabteilung zieht sich unvermerkt in das Gehölz, um der feindlichen Kavallerie in die Flanke zu fallen und den Angriff der eigenen Kavallerie zu decken. Einige Husarenregimenter erhalten Befehl, den Feind im Rücken zu fassen; darauf geht die Armee vor. Sobald die feindliche Kavallerie geschlagen ist, fällt die im Gehölz stehende Infanterie der feindlichen in die Flanke, während die übrige Infanterie sie in der Front angreift. Der linke Flügel darf aber nicht eher vorrücken, als bis der linke feindliche Flügel völlig geschlagen ist. Die Vorteile solcher Anordnung sind:

1. Eine kleine Truppenzahl kann sich mit einem überlegenen Feind messen.
2. Ein Teil Eurer Armee greift den Feind auf der entscheidenden Seite an.
3. Werdet Ihr geschlagen, so ist nur ein Teil Eurer Armee geschlagen, und die übrigen drei Viertel, die noch frisch sind, decken den Rückzug.

Warum und wie man Schlachten liefern soll

Schlachten entscheiden das Schicksal der Staaten. Wer immer Krieg führt, muß solche Entscheidungen herbeiführen, sei es, um sich aus einer mißlichen Lage zu befreien oder den Feind darein zu versetzen, oder um den Streit auszufechten, der sonst nie ein Ende nähme. Ein vernünftiger Mann darf keinen Schritt ohne triftigen Beweggrund tun. Noch viel weniger darf ein Heerführer jemals eine Schlacht liefern, ohne einen wichtigen Zweck zu verfolgen. Wird er dagegen zum Kampfe gezwungen, so hat er selbst Fehler begangen und muß sich vom Feinde das stolze Gesetz einer Schlacht vorschreiben lassen.

Ihr seht, daß ich mir hier keine Lobrede halte. Denn unter den fünf Schlachten, die meine Truppen geliefert haben, waren nur drei, die ich geplant hatte. Zu den beiden anderen wurde ich gezwungen: bei Mollwitz, weil die Österreicher sich zwischen meine Armee und Ohlau geschoben hatten, wo meine Artillerie und meine Lebensmittel waren, und bei Soor, weil die Österreicher mir die Straße nach Trautenau verlegten und mir nur die Wahl zwischen Schlacht und völligem Untergang ließen. Man sehe aber, welcher Unterschied zwischen den erzwungenen Schlachten und den im voraus geplanten besteht! Welchen Erfolg hatten die Schlachten von Hohenfriedberg, Kesselsdorf und die von Chotusitz, die uns den Frieden brachte!

Wenn ich hier also Lehren gebe, die ich aus Unbedacht selbst nicht befolgt habe, so geschieht es, damit meine Offiziere aus meinen Fehlern lernen und zugleich erfahren, daß ich darauf bedacht bin, mich zu bessern.

Öfters haben beide Armeen Lust, sich zu schlagen: dann ist die Sache bald abgemacht. Die besten Schlachten sind die, zu denen man den Feind nötigt. Denn es ist eine zuverlässige Regel, daß man den Feind stets zu dem zwingen muß, wozu er gar keine Lust hat; und da Eure Interessen denen des Feindes schroff entgegengesetzt sind, so müßt Ihr gerade das wollen, was er nicht will. Eine Schlacht wird aus folgenden Gründen geliefert:

1. um den Feind zu zwingen, die Belagerung einer Eurer Festungen aufzuheben,
2. um ihn aus einer Provinz zu verjagen, deren er sich bemächtigt hat,
3. um in Feindesland einzudringen,
4. um eine Belagerung vorzunehmen,
5. um die Hartnäckigkeit des Feindes zu brechen, wenn er keinen Frieden machen will.

Man zwingt den Feind zur Schlacht, indem man ihm durch einen Gewaltmarsch in den Rücken kommt und ihn von seinen rückwärtigen Verbindungen abschneidet, oder indem man eine Stadt bedroht, die er um jeden Preis halten will. Man nehme sich aber wohl in acht, wenn man solche Manöver machen will, und hüte sich, nicht selber in eine mißliche Lage zu geraten und sich nicht so aufzustellen, daß der Feind Euch von Euren Magazinen abschneiden kann.

Am wenigsten setzt man bei Nachhutgefechten aufs Spiel. Man lagert sich zu dem Zweck dicht beim Feinde. Will er sich dann zurückziehen und vor Euren Augen durch Defileen marschieren, so fallt Ihr über die Nachhut seiner Armee her. Bei solchen Gefechten ist wenig zu verlieren und viel zu gewinnen. Der Prinz von Lothringen hätte sehr wohl ein solches Gefecht mit uns anfangen können, hätte er, statt nach Soor zu marschieren, gewartet, bis wir im Lager von Trautenau waren, und sich dann meiner Armee gegenüber gelagert. Der Marsch nach Schatzlar wäre uns dann viel teurer zu stehen gekommen, und ich glaube, der Prinz hätte dabei seinen Vorteil gefunden.

Ferner liefert man eine Schlacht, um die Vereinigung der feindlichen Korps zu verhindern. Dieser Grund ist stichhaltig. Ein geschickter Feind wird aber leicht Mittel finden, Euch durch einen Gewaltmarsch zu entkommen oder sich eine gute Stellung auszusuchen. Zuweilen hat man nicht die Absicht, eine Schlacht zu liefern, wird aber durch die Fehler des Feindes dazu eingeladen, die man benutzen muß, um ihn dafür zu strafen.

Diesen Grundregeln füge ich hinzu, daß unsere Kriege kurz und lebhaft sein müssen. Wir dürfen sie durchaus nicht in die Länge ziehen. Ein langwieriger Krieg zerstört nach und nach unsere vortreffliche Disziplin, entvölkert das Land und erschöpft unsere Hilfsquellen. Die Führer der preußischen Armeen müssen also, wenn auch mit aller Vorsicht, eine Entscheidung herbeizuführen suchen. Sie dürfen nicht so denken wie der Marschall von Luxemburg, als sein Sohn beim Kriege in Flandern zu ihm sagte: »Mich deucht, Vater, wir könnten noch die und die Stadt nehmen.« Worauf der Marschall erwiderte: »Schweig still, kleiner Narr! Willst Du, daß wir nach Hause gehen sollen, um Kohl zu pflanzen?« Kurz, in betreff der Schlachten muß man den Grundsatz des Hohen Rats der Hebräer befolgen: »Es ist besser, ein Mensch sterbe für das Volk, denn daß das ganze Volk verderbe.«

Zufälle und unvermutete Ereignisse im Kriege

Heerführer sind mehr zu beklagen, als man meint. Jedermann verurteilt sie, ohne sie zu hören. Die Zeitungen geben sie dem Spott der Welt preis, und unter Tausenden, die sie verdammen, versteht vielleicht nicht einer so viel, um das geringste Detachement zu führen. Ich bezwecke damit keine Apologie der Heerführer, die Fehler begehen; denn sie verdienen Tadel. Auch meinen eigenen Feldzug von 1744 will ich gern preisgeben und gestehen, daß ich bei viel Schnitzern nur wenig gut gemacht habe, so die Belagerung von Prag, den Rückzug und die Verteidigung von Kolin und schließlich den Rückzug nach Schlesien. Doch genug davon! Hier will ich nur von den unglücklichen Ereignissen reden, gegen die weder Voraussicht noch reifliche Überlegung etwas vermögen. Da ich hier nur für meine Generale schreibe, so will ich ihnen nur solche Beispiele anführen, die mir selbst begegnet sind.

Als wir im September 1741 im Lager von Reichenbach standen, hatte ich den Plan, durch einen Gewaltmarsch die Neiße zu erreichen und mich zwischen die Stadt Neiße und die Armee Neippergs zu setzen, um die Österreicher von ihr abzuschneiden. Die Disposition dazu war getroffen, aber ein anhaltender Regen machte die Wege grundlos, so daß unsere Avantgarde, die die Pontons bei sich hatte, nicht vorwärts kam. Am Marschtage herrschte so dichter Nebel, daß die Infanteriewachen in den Dörfern sich verirrten und nicht wieder zu ihren Regimentern zurückfanden. Das ging so weit, daß wir, statt, wie beschlossen, um vier Uhr morgens abzumarschieren, erst um Mittag aufbrechen konnten. Infolgedessen war an einen Gewaltmarsch nicht mehr zu denken; der Feind kam uns zuvor, und der Nebel vernichtete mein ganzes Projekt.

Eine Mißernte in dem Lande, in dem man Krieg führen will, läßt einen ganzen Feldzug scheitern. Krankheiten, die während der Operationen ausbrechen, werfen die Truppen in die Defensive; so erging es uns 1744 in Böhmen infolge der schlechten Ernährung. Während der Schlacht von Hohenfriedberg befahl ich einem meiner Adjutanten, dem Markgrafen Karl zu sagen, er solle als rangältester General die Führung des zweiten Treffens übernehmen, da Kalckstein nach dem rechten Flügel gegen die Sachsen detachiert war. Der Adjutant verstand mich falsch und bestellte dem Markgrafen, er solle das zweite Treffen aus dem ersten formieren. Zum Glück merkte ich das Mißverständnis noch beizeiten und konnte ihm abhelfen. Aber man sei stets auf seiner Hut und bedenke, daß ein falsch übermittelter Befehl alles verderben kann.

Erkrankt der Heerführer oder hat der Führer eines wichtigen Detachements das Unglück, zu fallen, so sind auf einmal alle Maßregeln vernichtet; denn es gehören kluge und wagemutige Männer zur Führung von Detachements, und diese finden sich so selten, daß ich bei meiner Armee höchstens drei bis vier kenne. Gelingt es dem Feinde trotz aller Vorsicht, Euch einen Proviantzug wegzunehmen, so wirft das gleichfalls alle Eure Maßregeln um, und Eure Pläne sind vereitelt. Müßt Ihr aus militärischen Gründen eine Rückwärtsbewegung machen, so entmutigt Ihr dadurch Eure Truppen. Zum Glück habe ich dergleichen nie mit meiner ganzen Armee durchgemacht, aber nach der Schlacht bei Mollwitz habe ich gesehen, wie lange es dauert, bis eine entmutigte Truppe sich wieder beruhigt; denn meine Kavallerie war damals so weit herunter, daß sie glaubte, ich schickte sie zur Schlachtbank, wenn ich ein Detachement aussandte, um sie an den Krieg zu gewöhnen. Erst von der Schlacht von Hohenfriedberg datiert die Epoche ihres Aufschwungs.

Entdeckt der Feind einen wichtigen Spion, den Ihr in seinem Lager habt, so ist Euer Kompaß verloren, und Ihr erfahrt von seinen Bewegungen weiter nichts, als was Ihr seht.

Die Nachlässigkeit der zum Rekognoszieren ausgesandten Offiziere kann Euch in die größte Bedrängnis bringen. Auf diese Weise wurde Neipperg bei Mollwitz überrascht; denn der Husarenoffizier, den er auf Kundschaft ausgeschickt hatte, versäumte seine Pflicht, und wir waren ihm auf dem Halse, als er sich dessen am wenigsten versah. Lernt also daraus, daß Ihr die Sicherheit der ganzen Armee niemals der Wachsamkeit eines einzigen Subalternoffiziers anvertrauen dürft. Dergleichen große und wichtige Dinge dürfen nicht von einem einzigen Menschen oder von einem Subalternoffizier abhängen. Patrouillen dürfen überhaupt nur als überflüssige Vorsichtsmaßregel angesehen werden. Man soll sich nie völlig auf sie verlassen, sondern noch viele andere gründlichere und zuverlässigere Vorsichtsmaßregeln ergreifen. Verrat ist das Schlimmste, was einem zustoßen kann. Kurz, aus allem oben Gesagten ergibt sich, daß man auch mitten im Glück sich nie auf etwas verlassen noch durch seine Erfolge hochmütig werden soll. Vielmehr soll man bedenken, daß wir bei unserer geringen Klugheit und Vorsicht oft die Spielbälle des Zufalls und unerwarteter Ereignisse werden, durch die ein unbekanntes Schicksal den Dünkel der Eingebildeten zu demütigen liebt.

Soll ein Heerführer Kriegsrat halten?

Prinz Eugen pflegte zu sagen, wenn ein Heerführer keine Lust hätte, etwas zu unternehmen, so gäbe es kein besseres Mittel, als einen Kriegsrat zu halten. Das trifft um so mehr zu, als die meisten Stimmen beim Kriegsrat auf Nichthandeln lauten. Ein Heerführer, dem der Herrscher seine Truppen anvertraut, muß selbständig verfahren. Das Vertrauen, das der Fürst in seine Verdienste setzt, berechtigt ihn dazu. Außerdem wird die im Kriege so notwendige Geheimhaltung bei einem Kriegsrat nie gewahrt. Indessen glaube ich, ein Heerführer soll auch den guten Rat eines Subalternoffiziers nicht verschmähen. Denn wenn es den Dienst des Staates betrifft, vergißt ein wackerer Bürger sich selbst und handelt zum Wohl des Vaterlandes, einerlei, ob die Mittel zum Zweck von ihm oder von jemand anders herrühren, wenn er nur sein Ziel erreicht.

Die neue Taktik der Armee

Aus allen in diesem Werke festgesetzten Regeln werdet Ihr ersehen haben, worauf die Taktik beruht, die ich bei meinen Truppen eingeführt habe. Der Zweck aller dieser Manöver ist, bei jeder Gelegenheit Zeit zu gewinnen und daraus Nutzen zu ziehen, sei es, um aus dem Lager zu rücken oder sich geschwinder als der Feind zu formieren, oder auch, um sich rasch und ohne jede Verwirrung in die gewöhnliche oder schräge Schlachtordnung zu stellen, oder auch, um schneller Terrain zu gewinnen und die Schlacht eher zur Entscheidung zu bringen, als es bisher Brauch war, oder schließlich, um den Feind durch das Ungestüm unserer Kavallerieattacken über den Haufen zu werfen. Denn bei ihrer Heftigkeit wird auch der Feigling mitgerissen und muß so gut wie der brave Kerl seinen Dienst verrichten; mithin bleibt kein einziger Reiter unnütz. Das ganze System beruht also auf der Schnelligkeit der Bewegungen und auf der Notwendigkeit des Angriffs.

Ich hoffe zuversichtlich, daß alle Generale von der Notwendigkeit und dem Nutzen der Disziplin überzeugt sind und mit mir danach streben werden, sie in Krieg und Frieden aufrechtzuerhalten und zu vervollkommnen. Ich werde nie vergessen, was Vegetius von den Römern sagt, indem er gleichsam mit Begeisterung ausruft: »Endlich triumphierte die römische Disziplin über den hohen Wuchs der Germanen, über die Kraft der Gallier, über die List der Griechen, über die große Zahl der Barbaren und unterwarf sich den ganzen bekannten Erdkreis.« So sehr hängt die Wohlfahrt der Staaten von der Disziplin der Heere ab!

Schlußwort

Das sind ungefähr die Hauptpunkte der großen Kriegsoperationen. Ich habe ihre Grundsätze möglichst ausführlich entwickelt und mich vor allem bestrebt, klar und verständlich zu sein. Solltet Ihr aber über den einen oder anderen Punkt Zweifel haben, so wird es mich freuen, wenn Ihr sie mir darlegt, damit ich meine Gründe ausführlicher angeben oder, wenn ich etwas Falsches gesagt haben sollte, mich zu Eurer Meinung bekennen kann. Schon meine geringe Kriegserfahrung hat mir gezeigt, daß diese Kunst nicht auszulernen ist und daß man bei ernstem Studium stets Neues entdeckt. Ich glaube, meine Zeit nicht verloren zu haben, wenn dies Werk meine Offiziere zum Nachdenken über ein Handwerk anregt, das ihnen die glänzende Laufbahn des Ruhmes eröffnet, ihre Namen dem Dunkel der Zeiten entreißt und ihnen für ihre Mühen Unsterblichkeit sichert.

Made in the USA
Monee, IL
08 July 2026